www.ingramcontent.com/pod-product-compliance
Lightning Source LLC
LaVergne TN
LVHW050600090426
835512LV00008B/1267

BIBLIOTHÈQUE ORIENTALE ELZÉVIRIENNE

XXXVII

LA
CIVILISATION MUSULMANE

ANGERS, IMPRIMERIE BURDIN ET Cie, RUE GARNIER, 4.

LA
CIVILISATION
MUSULMANE

LEÇON D'OUVERTURE FAITE AU COLLÈGE DE FRANCE
LE 19 MARS 1884

PAR

S T A N I S L A S   GUYARD

Professeur au Collège de France.

PARIS
ERNEST LEROUX, ÉDITEUR
LIBRAIRE DE LA SOCIÉTÉ ASIATIQUE
DE L'ÉCOLE DES LANGUES ORIENTALES VIVANTES, ETC.
28, RUE BONAPARTE, 28
—
1884

LA CIVILISATION

MUSULMANE

....

MESSIEURS,

Au moment de reprendre le cours de nos travaux interrompus si soudainement par la mort de celui qui m'avait honoré de sa confiance et de son amitié, ce n'est pas seulement un pieux devoir de disciple et d'ami que je remplis en évoquant avant toute chose le souvenir du maître que nous avons perdu : le domaine qu'il a exploré est trop vaste pour que nous puissions le contourner sans nous y engager à sa suite; la trace qu'il a laissée dans nos

I

études est trop profonde pour que nous ne la retrouvions point en quelque sorte à chaque pas en avant, son nom est trop indissolublement lié au progrès de la science pour que nous ne le prononcions pas au début même de cette leçon.

Né à Cambrai, le 8 décembre 1822, Charles-François Defrémery appartenait à cette forte race du Nord qui ne connaît guère les écarts de l'imagination, mais qui va droit devant elle, les yeux fixés sur le but le plus proche, sondant le terrain et consciente du chemin parcouru. La sûreté et la ténacité de la mémoire, conséquence naturelle de son organisation vigoureuse et positive, avaient elles-mêmes pour corollaire, chez Defrémery, la rectitude et la netteté du jugement. Quel savant n'a pas eu ses heures de désolation en sentant s'effondrer dans son esprit quelque théorie amoureusement échafaudée la veille? Quel auteur, feuilletant son dernier livre, n'a pas été frappé au cœur en voyant s'épanouir soudain, au détour d'une page, l'erreur vingt fois offerte à ses regards et

vingt fois restée inaperçue? Plus heureux, Defrémery ne se trompait jamais. Les faits gravés dans son cerveau n'y subissaient aucune déformation; ses yeux étaient infaillibles; sa plume ne trahissait point une pensée qu'il ne laissait jamais s'égarer sur les sommets attirants mais dangereux des systèmes. En lui l'esprit de détail se montrait tyrannique et absorbant. Les systèmes l'effrayaient parce qu'ils négligent des vérités particulières et que, pour une nature aussi foncièrement droite, toute négligence était coupable. Et qu'importe, d'ailleurs, si Defrémery n'a pas tiré lui-même les conclusions générales de ses travaux, puisqu'il nous laisse en possession d'un vrai trésor de recherches patientes et minutieuses!

Cet amour de la précision et de la minutie, qui est l'honnêteté de la science, se manifesta du premier coup chez notre savant prédécesseur. Elève de Quatremère, de A. Caussin de Perceval, de Reinaud et de Jaubert, il fut séduit par la surabondante érudition de Quatremère et se

le proposa comme un modèle dont il ne devait plus s'écarter sa vie durant. Pour Quatremère, un livre n'était souvent qu'un prétexte à la publication des notes accumulées dans ses cartons : l'on peut citer telle de ses œuvres où chaque ligne de texte se superpose à une assise de vingt à trente lignes de notes. Defrémery se plaisait comme lui à déployer sa prodigieuse érudition acquise par des lectures incessantes, lectures qu'au grand chagrin de ceux qui l'aimaient, il s'obstinait à poursuivre même au milieu de ses promenades. Aussi nous laisse-t-il dans ses notes seules de riches matériaux pour l'histoire et la géographie des peuples musulmans.

L'histoire et la géographie, c'était là son domaine favori ; c'est là qu'il pouvait donner libre carrière à sa passion du détail. L'alpha et l'oméga de sa vie sont un travail historique, et pendant ses dernières années, il méditait de faire passer en français le voyage si attachant de cet Ibn Djobéïr qui traversa au XIIe siècle les contrées où

guerroyaient alors en chevaliers courtois Richard Cœur de Lion et Saladin.

A dix-neuf ans déjà, Defrémery s'était rendu maître des langues persane et arabe et avait exploré en tous sens le champ qu'il devait tant contribuer à élargir. En 1842, l'histoire musulmane n'était connue que très imparfaitement. Gustave Weil recueillait seulement les matériaux de sa grande histoire du Khalifat d'Orient; les œuvres magistrales de Muir et de Sprenger sur la vie de Mahomet, de Dozy sur les Arabes d'Espagne n'avaient pas encore vu le jour. Les grandes chroniques de Maçoudi, d'Ibn al-Athîr, de Tabarî, de Belâdhorî et de Yaqoubî, qui, grâce aux efforts des Barbier de Meynard, des Tornberg, des De Goeje, des Ahlwardt, des Houtsma et de tant d'autres, sont aujourd'hui entre nos mains, toutes ces œuvres fondamentales restaient éparses dans les bibliothèques. Pour les lire avec fruit, il ne suffisait pas d'en prendre un manuscrit et de le compulser; encore fallait-il en établir le texte par une comparaison atten-

tive et éclairée de copies divergentes,
écrites en ce caractère arabe qui nécessite
un perpétuel déchiffrement et qui engendre
et multiplie les erreurs. La géographie
n'était guère plus avancée, et, pour voya-
ger librement sur les grandes routes de
l'empire musulman, il fallait se frayer
d'abord un passage au travers d'un mon-
ceau de manuscrits. De quelle passion ne
fallait-il pas être animé pour aborder
ainsi des difficultés toujours renaissantes !
Et n'est-il pas vraiment admirable celui
qui, pas à pas, s'engage dans un dédale
de noms propres mutilés, de dates altérées,
de récits contradictoires, et qui, sûrement,
infailliblement, restitue aux noms leur vraie
forme, corrige les chiffres faux, rétablit
l'authenticité des traditions ! Aussi conçoit-
on facilement de quelle autorité jouissait
Defrémery parmi ses confrères les Orientalistes français et étrangers ; avec quel
empressement ses critiques étaient accep-
tées et même sollicitées. Elles lui valurent
une amitié précieuse et indissoluble, celle
de l'illustre Reinhart Dozy, dont les lettres

orientales ont également à déplorer la perte récente.

Le langage moderne établit une distinction entre le savant et l'érudit. Ce dernier est comme un riche qui thésaurise les espèces courantes. Le premier est un conquérant : il frappe des médailles à son effigie, et souvent même aurait le droit de s'y couronner de lauriers. Defrémery était à la fois un savant et un érudit. Le premier il mit en lumière cette foule de dynasties indépendantes fondées en Perse, dans le Turkestan et en Mésopotamie sur les ruines du khalifat de Baghdad. C'est à cet ordre de recherches qu'appartiennent un grand nombre de ses premiers travaux, parmi lesquels je signalerai son *Histoire des Sultans du Kharezm* (1842), celle des *Sultans Ghourides* (1843), des *Samanides* (1845), ses mémoires sur *la dynastie des Mozafferiens* (1844-1845) et sur *trois princes de Nichapour* (1846), ses recherches *sur les Sadjides* (1847), sur les maires du palais de Baghdad ou *Emirs el-Oméra* (1848), sur *les princes Mongols du Turkestân* (1852), et

sur le *Sultan Seldjoukide Barkiarok* (1853).

La secte des Ismaéliens ou Bathéniens, dont un autre nom, celui d'Assassins ou « Mangeurs de hachich » a pénétré dans notre langue pour y devenir synonyme de meurtriers, cette redoutable secte qui longtemps domina par la terreur en Perse et en Syrie, était déjà connue par les chroniques occidentales et surtout par les recherches de Sylvestre de Sacy et de Hammer-Purgstall. Defrémery se proposa de tirer au clair le rôle politique des Assassins et de leurs chefs les Vieux de la Montagne. Il épuisa ce sujet dans une série de mémoires, dont le premier est intitulé : *Histoire des Seldjoukides et des Ismaéliens ou Assassins de l'Iran*, et dont les autres portent le titre d'*Essai sur l'histoire des Ismaéliens ou Batiniens de la Perse, plus connus sous le nom d'Assassins*. En publiant le dernier, Defrémery annonçait qu'il donnerait quelque jour une histoire générale de ces sectaires également intéressants par leurs croyances philosophiques et religieuses. Il ne mit pas ce pro-

jet à exécution; mais les matériaux qu'il a livrés au monde savant faciliteront singulièrement la tâche à ceux qui reprendront une si belle étude.

Tous les travaux que j'ai cités furent insérés dans le *Journal* de la Société asiatique, compagnie dont Defrémery était un des membres les plus zélés, et dont il fut élu l'un des vice-présidents en 1879. Outre son *Journal*, la Société publie une collection d'ouvrages orientaux principalement relatifs à l'histoire et à la géographie de l'Asie. Defrémery, qui, au milieu de ses études historiques, trouvait encore le temps de communiquer au *Journal asiatique* d'importantes contributions à la géographie des anciens peuples du Caucase et de la Russie méridionale, ainsi qu'un aperçu de la relation du voyageur arabe Ibn Batoutah, Defrémery, dis-je, eut l'honneur d'être désigné par le Conseil de la Société pour publier une édition et une traduction complète de ce dernier ouvrage. Ce n'était pas un léger fardeau. Parti de Tanger, sa ville natale, Ibn Batoûtah avait parcouru

I.

pendant vingt ans le monde connu des
Musulmans. La simple énumération des
contrées explorées par ce hardi voyageur
suffirait à montrer quelle variété de con-
naissances il fallait réunir pour se hasar-
der à reconstituer et surtout à traduire une
relation aussi touffue. Où plus d'un aurait
succombé, notre éminent arabisant triompha, aidé d'un seul collaborateur, feu le
docteur Sanguinetti. Les quatre volumes
qu'il fit paraître en six ans, de 1853 à
1859, sont un pur chef-d'œuvre d'érudition « un des plus beaux monuments de
l'orientalisme français » comme le disait
naguère celui qui en est l'illustration. Le
seul reproche que l'on puisse adresser
peut-être à la traduction de notre savant
prédécesseur, c'est de serrer le texte de
trop près. Très sensible, d'ailleurs, aux
beautés littéraires, l'esprit orné de nos
meilleurs auteurs, qu'il connaissait mieux
que personne, Defrémery se serait fait un
cas de conscience de paraître sacrifier la
fidélité de la traduction à l'élégance du
style. Ce parti pris était encore de l'hon-

nêteté, et l'honnêteté interdisait à Defrémery de prendre avec son texte des
libertés qu'il jugeait sincèrement trop
grandes. Il y avait là un écueil que notre
scrupuleux arabisant ne sut pas toujours
éviter, peut-être; et il ne saisit pas, au
gré de quelques-uns, la nuance qui sépare
une version d'une traduction lorsqu'il
tenta de faire passer en notre langue une
œuvre toute de grâce et de légèreté du
poète persan, le *Gulistân* de Saadî.

Au surplus, la lecture des poètes et des
littérateurs n'était qu'un délassement pour
notre grand orientaliste; là même il retrou-
vait matière à exercer sa profonde érudition biographique et bibliographique,
érudition qui s'étendait aux moindres
œuvres littéraires non seulement de
l'Orient, mais encore de la France. Les
lecteurs de la *Revue critique d'histoire et de
littérature* n'oublieront pas ces articles
nourris de faits dans lesquels notre éminent collaborateur rivalisait avec son ami
Tamizey de Larroque, l'un des hommes
les plus versés de notre époque dans l'his-

toire littéraire des siècles derniers. De
leur côté, les arabisants, depuis bien des
années déjà, s'arrachent, aux ventes publi-
ques, les *Mémoires d'histoire orientale* (1854)
où Defrémery groupa en un faisceau
trente-trois articles d'une science consom-
mée relatifs à des points obscurs de l'histoire et de la littérature musulmanes et
contenant en outre de précieuses observa-
tions de critique littéraire, de philologie,
et même de numismatique. C'est là qu'en
quelques pages, Defrémery traduisit le
récit de la première croisade, d'après un
historien arabe dont le père, l'aïeul et le
bisaïeul s'étaient trouvés mêlés aux événe-
ments qui mirent aux prises l'Orient et
l'Occident. Dans cet article, Defrémery
déployait une telle connaissance de ce
nouveau sujet que dès lors il se voyait
tout désigné pour continuer la grande
publication des *Historiens arabes des Croi-*
sades inaugurée par l'Académie des inscriptions et Belles-lettres, et à laquelle,
d'ailleurs, Defrémery collaborait depuis
quelques années comme auxiliaire de son

maître Reinaud. Le 28 mai 1869, l'Institut appelait à lui Defrémery en remplacement du marquis de Laborde, et, depuis lors, Defrémery se consacra tout entier à la belle tâche que lui confiait le premier corps savant de France. C'est lui qui eut l'insigne honneur de faire paraître en collaboration avec De Slane le premier volume de cette gigantesque collection. Tandis que De Slane se réservait l'introduction générale, Defrémery relisait les textes, les mettait au point, et fournissait une série de corrections et de conjectures grâce auxquelles ce premier volume peut servir de modèle pour les suivants. La même année (1872), Defrémery insérait au *Journal asiatique* un mémoire sur la date exacte de l'occupation de Jérusalem par l'armée du khalife d'Egypte. La plupart des historiens s'accordaient à placer cet événement en 1096 de notre ère. Defrémery, par une discussion approfondie, réussit à établir qu'il fallait le reculer de deux ans, et que Jérusalem tomba aux mains des Égyptiens seule-

ment en juillet 1098, c'est-à-dire juste une année avant la prise de la Ville Sainte par Godefroy de Bouillon.

Ce remarquable écrit montrait une fois de plus quels services inappréciables Defrémery pouvait rendre à des études qui ont pour idéal l'impeccabilité. Malheureusement la santé de notre maître commençait à subir le contre-coup d'efforts si prolongés. Le cerveau, battu continuellement par cet afflux de sang qui accélère le mystérieux travail de la pensée, repoussait chaque jour plus faiblement des assauts réitérés. Defrémery sentait s'oblitérer la vue et l'audition. Malgré cet avertissement il s'acharnait à un labeur qui était sa vie même. Vaillamment, sans une plainte, il continuait au Collège de France des leçons qui lui coûtaient chacune, me disait-il souvent, plusieurs jours de préparation. Suppléant depuis de longues années de Caussin de Perceval, il ne l'avait remplacé comme titulaire qu'en 1871, deux ans après son élection à l'Institut. Il perdait ainsi le droit au repos

que lui auraient donné vingt années de professorat en titre. Les premiers jours de 1882, un coup de sang le terrassa à l'instant même où il ouvrait son livre et se disposait à commencer sa leçon; dès lors il ne se remit plus complètement jusqu'à la date fatale du 18 août 1883. Mais pendant cet intervalle, du moins, recouvra-t-il assez de forces et de lucidité d'esprit pour reprendre intérêt à de chères occupations, les séances de l'Institut, l'accroissement et l'embellissement de sa bibliothèque, objet de l'admiration de ses collègues et confrères, et qu'il laisse comme une représentation concrète de sa vaste mémoire et de sa prestigieuse érudition.

Vous le voyez, Messieurs, j'avais raison de dire en commençant que le nom de Defrémery s'imposait au début de ce cours : c'est que ce nom est un enseignement pour nous. Bien jeune encore, notre maître avait compris que la première condition pour se vouer au progrès de la science, c'est d'écouter la voix de

ses devanciers et de mesurer le chemin
qu'ils ont parcouru. Imitons cet exemple,
et jetons, si vous le voulez bien, un
coup d'œil rétrospectif sur l'ensemble de
la civilisation musulmane dont les racines
plongent si profondément dans le passé
et qui suffit à elle seule à remplir tout
le moyen âge. Vous jugerez mieux ainsi
de l'intérêt multiple qui s'attache à nos
études, et vous pourrez choisir, selon
vos préférences, de cultiver le champ du
philosophe, du poète, du légiste, du philologue ou de l'historien.

*
* *

Mahomet avait commencé l'unification
politique de l'Arabie; mais il fit mieux :
il lui donna le *Qor'ân* qui fut le point de
départ et la base de toute la civilisation
ultérieure des Musulmans. C'est pour
conserver et pour mieux comprendre la
lettre du texte sacré que les premiers
croyants fondèrent la grammaire et la

lexicographie, et recueillirent les poésies anciennes et contemporaines où ils
trouvaient l'explication des termes rares
employés par le Prophète. C'est pour
élucider les questions de dogme qu'ils
créèrent la théologie. La jurisprudence
sortit également du *Qor'ân*, et les sciences historiques se groupèrent tout d'abord
autour de lui. Dès le 1er siècle de l'hégire, il s'établit en Chaldée, à Bassorah
et dans Koûfah, des écoles où toutes les
questions que soulevait l'étude du *Qor'ân*
furent posées et résolues en des sens di-
vers. Et, remarquez-le bien, Messieurs,
c'est dans un sol étranger, fécondé par
une culture séculaire, que furent déposés
tout d'abord les germes de la civilisation
nouvelle. Ce sont des Chaldéens, des
Persans, des Syriens et des Coptes qui
veillèrent sur le berceau de l'Islamisme, et
nous aurons maintes fois à constater les
emprunts faits par les Arabes aux orga-
nismes antérieurs des empires sassanide
et byzantin. Mais c'est là l'histoire
éternelle des vaincus travaillant à la gloire

de leurs vainqueurs. A des civilisations presque éteintes, l'Islamisme apporta l'étincelle qui suffit à en ranimer la flamme. Quelque jugement qu'on en porte d'ailleurs (1), le *Qor'ân* fut un principe vital, et à ce titre seul, il mériterait de fixer longuement les regards de l'historien.

Les sciences naturelles et les sciences exactes intéressaient moins directement le livre sacré; aussi furent-elles négligées tant que dura la dynastie des Omeyyades. Elles ne commencèrent à être cultivées que lorsque l'étude de la philosophie, sœur de la théologie, eut provoqué sous les Abbâsides de nombreuses traductions des auteurs grecs. Quant aux institutions, sans doute elles se développèrent en raison des nouveaux besoins, au fur et à mesure de l'extension de l'empire; mais elles n'en eurent pas moins pour fondement

1. Voir Ernest Renan, *l'Islamisme et la science.* Paris, 1883; Clermont-Ganneau, *la Palestine inconnue*, Paris, E. Leroux, 1876, p. 29 et suiv.

les premières dispositions que prit Mahomet et qu'il consigna dans le *Qor'ân*.

Sous les quatre premiers khalifes ou
successeurs du Prophète, les institutions
restèrent à l'état rudimentaire. Le khalife,
élu par la communauté musulmane et
recevant le serment de fidélité de tous ses
membres, réunissait dans ses mains le
pouvoir temporel et le pouvoir spirituel.
Il était à la fois pontife, souverain et
juge. Toutefois, il se voyait déjà forcé,
par l'étendue même de l'empire, de délé-
guer certains de ses pouvoirs à des agents
(*Ommâl*) chargés de le représenter dans
les provinces. Les revenus de l'État qui
entraient au trésor public se composaient,
1° de la dîme ou taxe des pauvres (*zakât*)
que redevait tout Musulman, 2° du quint
prélevé sur le butin de guerre, 3° de la
contribution personnelle (*djizya*) et de
l'impôt foncier (*kharâdj*) dont seuls étaient
frappés les sujets non-musulmans ou
rayas. Le khalife administrait comme il
l'entendait les deniers de l'État et les
affectait aux besoins de la guerre, aux

travaux publics, au payement des fonc-
tionnaires, au soutien des pauvres, ainsi
qu'à la répartition d'une dotation annuelle
à laquelle avait droit, dans le principe,
tout vrai croyant, et dont la fixation pro-
portionnelle remonte à Omar Ier. C'est
ainsi que l'épouse favorite du Prophète,
Aïsha, reçut une pension annuelle de
12,000 drachmes; les autres veuves de
Mahomet n'en touchèrent que 10,000.
Les *Háshimites* et les *Mottalibites*, c'est-
à-dire les membres de la famille du Prophète, furent inscrits pour la même somme.
Les *Mohâdjirs* et les *Ansârs*, ou premiers
Mekkois et Médinois qui avaient em-
brassé l'Islamisme, obtinrent 5,000 drachmes, et c'est une somme égale qu'en sa
qualité de Mohâdjir Omar Ier s'attribua à
lui-même. Pour tout le reste des Musulmans majeurs, la dotation variait de 4,000
à 300 drachmes.

Omar Ier régla aussi le taux de la contribution personnelle des rayas, Chrétiens
ou Juifs : elle était annuellement de quatre
deniers d'or pour les riches, de deux de-

niers d'or pour les gens de la classe moyenne, de un denier d'or pour les pauvres; mais, outre cette contribution en numéraire, les peuples soumis avaient encore à opérer des livraisons en nature, destinées à l'entretien des troupes musulmanes. Quant à l'impôt foncier il était calculé d'après la nature et la fertilité des terres possédées par les vaincus.

La comptabilité des sommes, parfois énormes, qui résultaient des impôts, nécessita, dès le khalifat d'Omar Ier, la création d'un bureau spécial dont Omar emprunta l'organisation aux Persans, et qui conserva son nom persan de *Dîwân*, terme qui s'étendit ensuite à tous les bureaux de l'administration. C'est de ce mot *Dîwân* que vient en droite ligne notre *Douane*. Les Arabes étant trop illettrés à cette époque, ce furent des Grecs, des Coptes et des Persans que l'on chargea de tenir les registres du Diwân.

Au point de vue militaire, les Arabes n'étaient point complètement inexpérimentés aux premiers temps de l'Islamisme.

Beaucoup de tribus arabes s'étaient trouvées en relations avec les Grecs et les Persans, et avaient puisé chez eux quelques notions de l'art de la guerre. Au temps de Mahomet, la division des armées en centre, aile droite, aile gauche, avant-garde et arrière-garde, était connue, et l'on savait défendre un camp ou une ville par des retranchements et des circonvallations. Les Arabes combattaient à pied, à cheval et à dos de chameau. Les armes des fantassins consistaient en une pique, une épée et un bouclier, ou encore en un arc et des flèches. Les cavaliers combattaient surtout avec la lance. Les Arabes possédaient aussi, comme armes défensives, outre le bouclier, le casque, la cotte de mailles et la cuirasse de buffle revêtue de plaques de fer. Les machines de guerre, telles que la baliste et la catapulte, ne commencèrent à être employées chez eux que sous les Omeyyades. Mais le secret de la puissance militaire des Arabes résidait surtout dans le mépris de la mort que leur inspirait la vision d'un

paradis réservé aux martyrs de la foi.
Lorsque la foi vint à tiédir, et que les
khalifes durent avoir recours à des mer-
cenaires étrangers, l'empire ne tarda pas
à s'effondrer.

Avec l'avènement au pouvoir du khalife Moawiya, le premier des Omeyyades,
nous voyons déjà se modifier et se com-
pliquer le mécanisme de l'État. Moawiya
copie l'étiquette des souverains étrangers.
Il se fait construire un palais à Damas et
dresser un trône dans la salle d'audience,
dont la porte est gardée par un *hâdjib*
ou chambellan. A la mosquée, c'est dans
une *maqsourah*, espèce de loge grillée,
qu'il assiste aux offices. Quand il sort,
une garde du corps (*shortah*) veille autour
de lui. Enfin, de son vivant, Moawiya
fait reconnaître son fils Yézîd comme héritier présomptif, et fonde ainsi le principe
d'hérédité, principe qui était contraire à
l'esprit de l'Islamisme et qui fut pour
l'empire une source de calamités.

Les préfets, sous Moawiya, furent investis de pouvoirs très étendus. Ils avaient

même le droit de nommer directement des sous-préfets. Pourtant Moawiya jugea bon de distraire de leurs attributions les fonctions de *qâdi*, ou de juge, et celles d'*imâm*, ou d'officiant à la mosquée, pour les confier à des titulaires spéciaux nommés directement par le khalife. Au surplus, les khalifes restaient toujours maîtres de modifier ces dispositions, et nous voyons, sous les successeurs de Moawiya, que des préfets réunirent de nouveau entre leurs mains les dignités de qâdi et d'imâm.

C'est encore à Moawiya que l'État fut redevable de la création d'une chancellerie, appelée *Diwân al-akhtâm* ou bureau des sceaux. Tous les actes émanant du pouvoir central y étaient aussitôt enregistrés, en sorte qu'une fois expédiés ils ne pussent être falsifiés.

Moawiya s'occupa aussi d'assurer la rapidité des communications en instituant la poste par courriers telle qu'elle existait déjà chez les Persans et les Byzantins. Cette poste reçut le nom de *barîd*, em-

prunté au latin *veredus* issu lui-même du sémitique *péréd* « mule. »

Après Moawiya, il faut descendre jusqu'à Abd al-Malik pour signaler des innovations importantes dans les institutions musulmanes. Avant cette époque, les livres administratifs étaient tenus par des Grecs et des Persans qui rédigeaient les actes en leur propre langue. Abd al-Malik décréta l'emploi exclusif de la langue arabe. C'est aussi ce khalife qui fonda le système monétaire musulman et qui fit frapper le premier des monnaies à légendes exclusivement arabes, *dînârs*, ou deniers d'or valant environ douze francs, et *dirhams*, ou drachmes d'argent équivalant à peu près à notre franc. La poste fut aussi améliorée et développée sous le règne glorieux de ce prince.

A l'arrivée au pouvoir des Abbâsides, le centre de l'empire fut déplacé. Damas, du rang de capitale, tomba à celui de ville de province, tandis que Baghdad, petit village obscur, devenait la maîtresse du monde. Dès lors, l'influence persane

2

devient prépondérante. A l'imitation des rois perses, les Abbâsides se déchargent du poids des affaires sur des premiers ministres ou vizirs. Cette nouvelle institution du vizirat n'est pas la moindre cause de la décadence du khalifat d'Orient; car, peu à peu, les Abbâsides se déshabituèrent de l'exercice du pouvoir et perdirent toute influence directe sur leurs sujets.

Les services administratifs se compliquèrent beaucoup alors. Ils se subdivisaient ainsi : 1° *Dîwân al-kharâdj* ou ministère des finances; 2° *Dîwân ad-diyâ* ou administration des biens de l'État; 3° *Dîwân az-zimâm,* bureau des registres ou cour des comptes; 4° *Dîwân al-djond* ou ministère de la guerre; 5° *Nazar al-mazâlim* ou cour de cassation; 6° *Dîwân al-mawâli walghilmân* ou administration des affranchis et des esclaves des khalifes; 7° *Dîwân zimâm an-nafaqât* ou bureau des dépenses; 8° *Dîwân al-barîd* ou ministère des postes; 9° *Dîwân ar-rasâil* ou bureau de la correspondance; 10° enfin, *Dîwân at-tauqî* ou

bureau du sceau impérial et de l'enre-
gistrement des pièces officielles. Il y avait
en outre des bureaux pour l'expédition et
la réception des pièces officielles et pour
l'inspection des poids et mesures.

Nous ne pouvons mieux compléter ce
court aperçu des institutions sous les
khalifes qu'en présentant un tableau de
l'organisation de l'État d'après les auteurs
musulmans eux-mêmes.

Le chef suprême recevait le titre de
khalife et de chef des croyants, *Amîr al-
Mominîn*. Ses ministres et tous les fonc-
tionnaires n'agissaient qu'en vertu d'une
simple délégation. Ils étaient, ainsi que
tous les Musulmans, à la merci du prince,
qui avait sur eux tous droit de vie et de
mort. En tant que chef spirituel, le khalife était aussi le juge suprême dans les
questions de dogme. Le khalife était censé
tenir ses pouvoirs du choix libre de la
majorité des Musulmans; mais une fois
qu'il avait reçu leur serment de fidélité ou
beïa, il devenait leur maître absolu. La première condition d'éligibilité était d'appar

tenir à la tribu de Qoreïsh, parce que le
Prophète en était issu. Dans l'opinion
des Musulmans, les sujets devaient au
khalife obéissance et assistance pourvu
qu'il remplît exactement tous ses devoirs
qui consistaient à maintenir dans leur
intégrité les principes religieux, à rendre
fidèlement la justice, à défendre le terri-
toire musulman et à y assurer la sécurité,
à reculer les bornes de l'empire, à dé-
penser les revenus des impôts conformé-
ment à la loi. Si le khalife manquait à ses
devoirs, la rébellion devenait légitime.

Les ministres pouvaient être absolus ou
dépendants. Dépendants, ils exécutaient
simplement les ordres de leur souverain.
Absolus, ils se substituaient à lui et exer-
çaient tous les pouvoirs d'un khalife, sauf
qu'ils ne pouvaient, en théorie, désigner
de successeur au souverain régnant. Ils n'é-
taient donc responsables de leurs actes
que vis-à-vis du khalife.

Les préfets, une fois nommés, soit par
le khalife, soit par le vizir, devenaient autant de petits rois qui, juridiquement, ne

devaient compte de leurs actes qu'au khalife ou à son premier ministre.

Les généraux étaient nommés soit directement par le khalife, soit par le vizir, soit même par les préfets, lorsqu'il s'agissait d'une guerre locale. Ils étaient investis de pouvoirs très étendus, comme de conclure des traités de paix, de rendre la justice et de partager le butin. C'est le général qui, à son tour, nommait les officiers ou *naqîbs* et les sous-officiers ou *arîfs*. Il était enjoint au général, avant d'ouvrir les hostilités contre les infidèles, de les sommer de se convertir ou de capituler. La conversion d'un infidèle était valable même les armes à la main, sur le champ de bataille, et le nouveau Musulman devenait inviolable dans sa personne et dans ses biens. Au contraire, tout infidèle pris les armes à la main était vendu comme esclave avec sa femme et ses enfants. Il pouvait même être condamné à mort. Les apostats ne devaient être épargnés sous aucun prétexte. On les tuait, et leurs biens étaient confisqués.

2.

La justice était rendue par des qâdis. Pour être nommé juge, il fallait réunir les qualités suivantes : 1° le sexe mâle et un âge respectable; 2° la pleine possession de ses facultés intellectuelles et physiques; 3° l'état d'homme libre; 4° la vraie foi; 5° la moralité; 6° la connaissance des principes de la loi et de leur application. Le qâdî avait pour devoirs d'examiner les querelles et les procès portés devant lui; de veiller à l'exécution de ses jugements; de nommer des conseils judiciaires pour l'administration des biens des mineurs, des fous, etc.; d'administrer les biens de mainmorte des mosquées et des écoles; de veiller à l'exécution des testaments; il remplissait également l'office d'édile et inspectait la voie et les édifices publics, et lorsqu'enfin une localité ne possédait pas d'imâm, c'est le qâdî qui se chargeait de diriger les cérémonies religieuses à la mosquée. On adjoignait au qâdî des officiers ministériels appelés *shohoûd* ou notaires, *omaná* ou secrétaires et *nâyibîn* ou substituts, lesquels étaient

respectivement chargés de figurer comme témoins dans les actes publics, de rédiger ces mêmes actes et d'enregistrer les décisions du juge, enfin de représenter le qâdî s'il venait à s'absenter. Pour assurer le fonctionnement régulier et perpétuel de la loi, une fiction juridique prorogeait les pouvoirs du juge en cas de mort du souverain. Le juge conservait ses fonctions jusqu'à ce qu'il fût confirmé ou destitué par le nouveau khalife.

La cour de cassation était instituée pour connaître des jugements rendus par le qâdî et contre lesquels les intéressés portaient plainte. Les séances de cette cour étaient présidées par le khalife en personne. C'est l'Omeyyade Abd al-Malik qui en fut le fondateur. Le dernier khalife qui tint audience publique afin d'examiner les demandes en cassation fut l'Abbâside Mohtadî; après lui, un juge spécial devint le président de la cour suprême.

Il existait, outre les juges, des inspecteurs ou *mohtasibs*, chargés de la police des marchés et des mœurs. Le mohtasib

veillait à ce que les poids et mesures ne fussent point falsifiés et à ce que l'acheteur ne fût pas trompé sur la qualité des marchandises. Il avait le pouvoir de châtier les délinquants séance tenante, mais seulement dans le cas de flagrant délit. Autrement, le mohtasib devait arrêter l'inculpé et le livrer à la justice. En ce qui concerne les mœurs, le mohtasib tenait la main à ce que les veuves ou les femmes divorcées ne se remariassent point avant l'expiration des délais prescrits par la loi. Les esclaves et les animaux étaient placés sous sa protection, et il empêchait leurs maîtres de leur faire subir des mauvais traitements. Le mohtasib avait encore pour mission de prévenir le scandale public, comme la vente des boissons prohibées, d'empêcher les Chrétiens et les Juifs de construire des maisons plus élevées que celles des Musulmans, de veiller à ce qu'ils portassent sur leurs vêtements une marque extérieure appelée *ghiyâr* et consistant généralement en une ceinture jaune.

En dehors des fonctions déjà décrites, il en existait trois autres sur lesquelles il convient d'insister : 1° le maréchalat de la noblesse; 2° l'imâmat; 3° l'émirat du pèlerinage.

Les maréchaux de la noblesse étaient nommés dans les diverses provinces soit par le khalife, soit par ses représentants, soit enfin par le grand maréchal. Ils avaient pour mission de surveiller les descendants de la famille du Prophète, lesquels formaient la noblesse musulmane, et de tenir un registre des naissances et des morts qui se produisaient chez les membres de la noblesse. Dans chaque province il y avait deux maréchaux, l'un pour les Alides ou descendants de la fille de Mahomet, l'autre pour les Abbâsides ou membres de la famille régnante.

L'imâm était chargé de réciter, à la mosquée, les cinq prières journalières et de diriger l'office religieux du vendredi. Nommé par le khalife ou par ses représentants, il choisissait à son tour ses

muezzins ou crieurs, ceux-là même qui, du haut des minarets, appelaient les fidèles à la prière. Le vendredi, à la mosquée, un *khatib* ou prédicateur montait en chaire, et il intercalait dans son sermon une formule de bénédiction pour le khalife régnant, un *Domine salvum fac.*

La conduite du pèlerinage annuel au temple de la Mecque était considérée comme un honneur insigne. C'était presque toujours le khalife lui-même ou l'un de ses proches parents qui revêtait les fonctions d'*émir al-Haddj*. Il escortait les pèlerins, dirigeait les cérémonies religieuses et ramenait les pieux voyageurs au travers du désert.

Telle était, en résumé, l'organisation de l'État musulman, dans son complet développement. Permettez-moi maintenant de vous dire quelques mots sur les croyances religieuses.

**

Nous n'avons pas ici à entrer dans de longs détails sur les doctrines de Mahomet, si bien connues par les traductions du *Qor'ân*; mais il importe de montrer ce qu'elles devinrent après la mort du Prophète et quels mouvements elles suscitèrent dans l'Islamisme.

La diversité des peuples conquis suffisait à elle seule à introduire de graves modifications religieuses dans les croyances primitives des Musulmans; mais le *Qor'ân* portait en lui-même des germes de discorde. Tant que l'on se contenta d'en adopter les enseignements sans discussion, l'orthodoxie put se flatter de se maintenir dans son intégrité. Dès qu'on voulut en approfondir le sens, des difficultés sans nombre se montrèrent qui devaient fatalement conduire les meilleurs esprits au doute et à l'hérésie. Tout particulièrement, la notion de Dieu, la prédestination et le libre arbitre tels que le *Qor'ân* les expose ne pouvaient longtemps soutenir un examen sérieux. Dès le premier siècle de l'hégire, il se fonda dans Bassorah une

école théologique dont le maître le plus renommé, Hasan al-Basrî, inaugura l'étude critique des dogmes du *Qor'an*. Un des disciples de ce Hasan, Wâsil ben Atâ, exposa publiquement ses scrupules et s'écarta sur trois points de l'orthodoxie. Le *Qor'an* affirme les attributs de Dieu. Wâsil ben Atâ les nie parce que, dit-il, si les attributs de Dieu sont éternels, ils constituent en quelque sorte autant de divinités, distinctes du Créateur. Il ne faut donc pas affirmer l'existence d'un attribut de justice, par exemple, mais simplement affirmer que Dieu est juste par essence. Le *Qor'an* admet ensuite la prédestination. Wâsil la rejette comme incompatible avec la théorie de la rétribution des actes dans l'autre vie, laquelle suppose le libre arbitre absolu de l'homme. Le *Qor'an* ne parle que du paradis et de l'enfer. Wâsil admet un purgatoire. La secte fondée par Wâsil a reçu le nom de *motazilite* ou dissidente, et encore de *qadarite*, parce qu'elle reconnaît à l'homme un pouvoir, ou *qadar*, sur ses actes. Une

autre secte, celle des *djabarites* ou partisans de la contrainte, se mettait en oppo-
sition ouverte avec les qadarites et avec
le *Qor'ân*, car elle refusait à l'homme
toute participation à ses actes et croyait
que le moindre de ses mouvements est
un effet de la prédestination éternelle.
Le *Qor'ân*, sans se préoccuper de la con-
tradiction, admet à la fois la responsabilité
de l'homme et l'absolue prédestination
de ses actes. Les djabarites rejettent la
responsabilité et croient, comme les
calvinistes, que l'homme est de toute
éternité prédestiné au paradis ou à l'enfer
par cela seul que Dieu l'a voulu ainsi.
Une troisième secte, celle des *sifatites* ou
partisans des attributs, combattait éner-
giquement les deux premières. S'en tenant
à la lettre du *Qor'ân*, elle prétendait, par
exemple, que là où, dans le livre sacré, il
est dit que Dieu s'est assis sur son trône,
il faut bien se garder d'appliquer à ces
mots une interprétation allégorique.
C'était tomber dans le plus grossier anthro-
pomorphisme, doctrine qui était aussi

3

loin que les deux autres de la pensée de Mahomet.

En présence des motazilites, des djabarites et des sifatites, les orthodoxes faisaient assez triste figure. Repoussant également les interprétations des docteurs de ces trois sectes, mais reconnaissant leur impuissance à les réfuter systématiquement, ils se contentaient de leur opposer que le *Qor'ân* ne doit être ni expliqué allégoriquement ni pris toujours au pied de la lettre, et concluaient en disant que lorsqu'on ne peut concilier deux enseignements contradictoires, il faut admettre qu'il y a mystère et que c'est en vain qu'on chercherait à approfondir ce qu'il a plu à Dieu lui-même de nous cacher.

Les hérésies que nous venons d'énumérer n'étaient dangereuses que pour l'Église musulmane. D'autres sectes surgirent qui mettaient l'État lui-même en péril. Pendant la guerre civile qui déchira l'Islamisme naissant et qui se termina par le triomphe des Omeyyades au détriment du gendre du Prophète, Ali, et de ses des-

cendants, douze mille rebelles se déclarèrent indépendants et sortirent violemment de la communauté musulmane. Ces révoltés, appelés khâridjites, repoussaient le principe même du khalifat. Tout au moins ne reconnaissaient-ils pas le droit exclusif des Qoreïshites au principat. Les khâridjites tinrent longtemps en échec la dynastie des Omeyyades. Lors même qu'ils eurent été réduits en Asie, le khalifat n'en dut pas moins lutter contre leurs tendances subversives, car ils passèrent en Afrique où ils recrutèrent de nombreux prosélytes parmi les Berbers. L'étude récente d'un jeune orientaliste allemand, M. Rudolf Ernst Brünnow, vient de rappeler l'attention des historiens sur ce mouvement curieux du premier siècle de l'hégire (1).

Mais la plus terrible des sectes militantes qui se formèrent au sein de l'Islamisme est celle des shiïtes. A l'origine,

1. *Die Charidschiten unter den ersten Omayyaden*. Leiden, E. J. Brill, 1884. In 8°, xii-110 p.

les shiites étaient simplement les partisans d'Ali et de sa postérité. Dans la suite
des temps, lorsque la Perse entière se fut
ralliée à la famille d'Ali, le shiisme
devint le réceptacle de toutes les idées
religieuses des Perses, et l'on vit s'y reflé-
ter le dualisme, le gnosticisme et le
manichéisme. Du vivant même d'Ali, un
juif converti, nommé Abd Allah ben Sabâ,
s'était efforcé d'introduire dans l'Islamisme
des éléments hétérogènes. Il prétendait
que le gendre du Prophète devait être
adoré comme une incarnation de la divinité. Ces idées, repoussées avec horreur
par Ali et par la plupart des premiers
shiites, firent peu à peu leur chemin, et
tous les descendants du gendre du Prophète devinrent pour leurs adhérents
respectifs de véritables demi-dieux. Ce
qui distingue en outre les shiites des
autres sectes, c'est qu'ils introduisirent
dans l'exégèse du *Qor'ân* tout un système
d'interprétation allégorique, système qui
aboutit naturellement à la négation même
de l'Islamisme et qui fut exploité plus

tard par le fondateur de la secte ismaélienne. Sous les premiers Abbâsides, on
put croire un instant que les doctrines
shiïtes l'emporteraient sur l'orthodoxie.
Le fondateur de la dynastie abbâside se
donnait, en effet, pour l'héritier direct
des prétentions Alides. Mais la raison d'État
fut la plus forte, et les Abbâsides, men-
tant à leurs débuts, se firent en somme
les défenseurs des croyances orthodoxes.
Les quatre rites qui, aujourd'hui encore,
se partagent le monde musulman datent
de leur règne; et si le grand mouvement
scientifique et philosophique auquel se
rattache le nom de Mamoûn put présager
un instant le triomphe de la libre pensée,
l'arrivée au pouvoir de Motawakkil fut le
signal d'une puissante réaction. Battus en
brèche par la philosophie, les orthodoxes
surent bientôt s'en faire une arme. Vers
le milieu du xᵉ siècle, tandis que les ency-
clopédistes de Bassorah rédigeaient ces
admirables et lumineux traités qui furent
la cause de la renaissance des études en
Occident, un théologien musulman, Abou

'l-Hasan al-Ashari, improvisait son système mixte qui, sous le nom de *Kalâm* ou
théologie scolastique, régna dès lors sans
partage en Orient.

Un autre danger menaçait toutefois
encore l'Islamisme régénéré. Nous avons
vu que les shiïtes se divisaient en plusieurs
branches tenant chacune pour un des
descendants d'Ali. L'une de ces branches,
appelée ismaélienne parce qu'elle recon-
naissait pour chef Ismael, septième imâm
de la postérité d'Ali, suscita les plus
grands troubles dans l'empire et faillit
triompher en Asie comme elle triompha
pendant longtemps en Égypte. Les études
que l'on a consacrées à l'histoire et aux
doctrines de ces ismaéliens ou assassins
me dispensent d'y revenir en ce lieu.
Qu'il me suffise de vous rappeler que les
Qarmates et les Druzes, ces deux fléaux
de l'Islamisme, tiraient leur origine de
l'hérésie ismaélienne.

Une autre manifestation des plus remar-
quables de l'Islamisme est la doctrine
soufie, ou mysticisme. En principe le

mysticisme est plutôt une manière de
pratiquer la religion qu'une religion dis-
tincte : il dépend de la tournure d'esprit
du croyant et s'accommode de tous les
dogmes. Les âmes tendres et rêveuses y
sont particulièrement enclines. Aussi
voyons-nous que chez les Musulmans c'est
une femme qui passe pour avoir fondé le
soufisme. Cette femme, appelée Râbia,
vivait au Ier siècle de l'hégire, et son tom-
beau est encore visité à Jérusalem. Sa
doctrine était simplement une théorie de
l'amour divin. Elle enseignait que Dieu
seul est digne d'amour et qu'il faut tout
sacrifier ici-bas dans l'espoir de se réunir
un jour éternellement à lui. Ces tendances
ressemblaient trop aux idées néo-platoni-
ciennes relatives à l'union de l'intellect
humain avec la raison universelle émanée
de la divinité pour ne pas séduire les gnos-
tiques qui abondaient parmi les shîïtes.
Aussi, le mysticisme fit-il de rapides progrès en Perse où il devint une véritable
secte vers l'an 200 de l'hégire. Les soufis
se retiraient du monde et embrassaient la

vie monastique. Leur nom est emprunté
au grossier froc de laine dont ils se revê-
taient par humilité. Tout d'abord, les
mystiques se contentaient de professer le
dédain de la vie, l'amour exclusif de Dieu,
et de préconiser l'ascétisme comme un
moyen de se procurer des extases pendant
lesquelles l'âme, dégagée de ses liens,
était censée contempler face à face l'Être
unique et adorable. Mais peu à peu ce
culte qui sacrifiait l'univers entier à sa
cause première glissa naturellement dans
le panthéisme. Le principal argument des
soufis panthéistes était que si l'on admet
l'unité de Dieu, la création doit faire
partie de lui; car autrement elle existerait
en dehors de son essence et constituerait
un principe éternellement distinct, véritable divinité opposée à la divinité. Sous
le règne du khalife Moqtadir, un soufi
persan nommé Hallâdj enseigna publiquement que tout homme est Dieu. Il
fut torturé et mis à mort. Depuis, les
soufis se montrèrent plus circonspects et
enveloppèrent leurs déclarations de toutes

sortes de précautions oratoires. Au surplus
tous les soufis ne poussaient pas la logique
jusqu'à prétendre que l'homme est Dieu :
ils admettaient bien que Dieu est tout,
mais non pas que tout est Dieu. Le soufisme existe encore de nos jours en Perse.

Le plus récent mouvement religieux que
nous ayons à signaler dans le monde
musulman est celui que vous connaissez
bien sous le nom de wahhabisme. L'orthodoxie s'est peu à peu surchargée de
pratiques, de croyances et de superstitions
qui ont été fort bien décrites par M. Goldziher en un récent article sur le culte des
saints chez les Musulmans. Le wahhabisme, réforme contemporaine, a la pré-
tention de ramener l'Islamisme à sa pureté
primitive. Nous savons par les voyages de
Palgrave qu'il règne encore dans l'Arabie
centrale. Mais les populations ne subissent
qu'en frémissant la tyrannie de ce purita-
nisme, qui proscrit des habitudes invétérées
aujourd'hui chez les Arabes. Le wahhabisme ne paraît pas appelé à recueillir l'héritage entier du Prophète.

3.

Le droit, chez les Arabes, se rattache
étroitement à la religion. Aussi, pour ter-
miner cette esquisse des croyances religieuses musulmanes, vous demanderai-je
la permission de rappeler brièvement les
origines de la jurisprudence. Ici encore,
je signalerai à votre attention un récent
ouvrage de M. Goldziher, où vous trou-
verez les plus complets détails sur les
écoles de droit déjà connues par d'autres
travaux, ainsi qu'une étude approfondie
de la doctrine beaucoup plus négligée jusqu'à ce jour du jurisconsulte Dawoud et
de ses partisans, les Zahirites (1).

Les lois édictées par Mahomet dans le
Qor'ân pouvaient suffire aux Arabes tant
qu'ils demeuraient confinés dans leur
péninsule. Mais à la suite de leurs conquêtes il se présenta des cas nouveaux
qui n'étaient point prévus dans le livre
sacré. Les successeurs de Mahomet recou-
rurent alors aux décisions prises par le

1. *Die Zahiriten. Ihr Lehrsystem und ihre Ges-
chichte.* Leipzig, Otto Schulze, 1884. In-8, x-232 p.

Prophète dans des cas analogues, mais qu'il n'avait pas cru devoir inscrire dans le *Qor'ân*. Les premières sources du droit furent donc, outre le *Qor'ân*, les traditions de Mahomet ou *Hadîth*, traditions dont l'ensemble constitue ce que l'on nomme *Sunna* ou Coutume. Ces traditions pendant longtemps n'avaient été conservées que dans la mémoire des compagnons du Prophète et de la génération qui les suivit. Au commencement du second siècle de l'hégire, on sentit le besoin de les fixer, et ce fut à Médine que le jurisconsulte Mâlik ben Anas en forma le premier recueil. Ce recueil intitulé le *Mowattâ*, c'est-à-dire « les difficultés aplanies » contient environ 1700 traditions soigneusement triées et rangées dans l'ordre des matières. Après Mâlik, vint le célèbre Bokharî dont le recueil appelé *Sahîh* est près de quatre fois plus étendu que celui de son prédécesseur. On voit par là quelle quantité de traditions apocryphes durent se glisser dans cet ouvrage ; aussi s'est-il créé chez les musulmans toute une science du Hadîth

où l'on enseigne à estimer le degré d'authenticité qu'il convient d'accorder à telles paroles ou à tel fait attribué au Prophète.

Les traditions n'offraient pas toujours le moyen de trancher les questions pendantes. Les quatre premiers khalifes durent souvent recourir à leurs propres lumières, et leurs décisions personnelles, soigneusement recueillies sous le nom d'*Athâr*, vinrent grossir le trésor de la matière juridique.

Dans la Chaldée, il s'établit une autre école de droit qui se distingue de celle de Médine par une plus grande indépendance. Là, le jurisconsulte ne s'en tient pas seulement au texte du *Qor'ân*, aux traditions et aux décisions des premiers khalifes. Il a recours à sa propre raison et crée des précédents. Ibn Abî Leïla, qui remplissait les fonctions de juge en Chaldée sous le khalifat de Mansour, est un des premiers qui paraissent avoir appliqué ce système. Mais la renommée d'Ibn Abî Leïla fut éclipsée par celle de son contemporain Abou Hanîfah. On lui doit l'éla-

boration d'un code complet de droit musulman auquel son nom est resté attaché.
Cinquante ans après la mort d'Abou
Hanîfah parut à Bagdad le non moins
fameux Shâfiï, élève de Mâlik ben Anas.
Sa méthode tient le milieu entre le système purement traditionnel de Mâlik et
entre le système plus libéral d'Abou
Hanîfah. Le quatrième système réputé
orthodoxe est celui d'Ibn Hanbal. Il se
distingue surtout des autres par une très
grande intolérance. Comme il est facile
de le prévoir, chacun de ces systèmes a
été ensuite développé et commenté dans
une foule de traités spéciaux dont l'énumération seule remplirait des volumes.
Je ne m'y arrêterai pas. Mais pour donner
une idée de ce que peut être un code musulman, j'analyserai en quelques mots la
table des matières d'un de ces ouvrages.
Il y est traité successivement : 1° de la
purification (ablutions légales, circonci-
sion, etc.); 2° de la prière légale; 3° des
funérailles; 4° de la dîme et de l'aumône;
5° du jeûne légal; 6° du pèlerinage à la

Mecque; 7° des transactions commerciales
et autres; 8° de l'héritage; 9° du mariage
et du divorce; 10° de la foi; 11° des
crimes et délits; 12° de la justice; 13° du
pouvoir spirituel, du pouvoir temporel
et des rapports des sujets avec le souverain. C'est, vous le voyez, un code complet religieux, civil, pénal et gouverne-
mental que nous offrent les traités de
jurisprudence musulmane, code embrassant et prévoyant toutes les circonstances
de la vie publique et de la vie privée.

*
* *

Parallèlement au développement de la
religion et du droit, se place le développement des sciences et de la littérature.
Avant la venue de Mahomet, les Arabes
ne s'étaient distingués que par un rare
talent poétique. L'Islamisme fut le point
de départ de toute une culture nouvelle.
Pendant que l'étude des dogmes et des
prescriptions du *Qor'ân* engendrait la
théologie et la jurisprudence, la nécessité

de conserver le texte du livre saint et d'enseigner aux nouveaux convertis la langue du Prophète donnait naissance à la grammaire, à l'exégèse verbale et à la lexicographie. C'est à Bassorah, en Chaldée, que se fonda la première école grammaticale. On attribue généralement les premiers essais de grammaire à un certain Abou'l-Aswad ad-Doali. Mais suivant quelques auteurs ce serait à un Persan nommé Abd ar-Rahmân ben Hormuz qu'il faudrait attribuer la découverte de cette science nouvelle. Quoi qu'il en soit d'ailleurs, il paraît légitime d'admettre à l'origine une influence étrangère. Les signes des voyelles, par exemple, sont imités de ceux du syriaque; la division des parties du discours en nom, verbe et particules semble être un emprunt indirect fait à la grammaire grecque. Toutefois, les Musulmans, une fois en possession des principes, ont su admirablement les développer et les appliquer. Toute une pléïade de grammairiens se forma à la suite d'Abou'l-Aswad; une école rivale de celle

de Bassorah s'établit à Koûfah, et, sous les premiers Abbâsides, la grammaire avait atteint son plus haut degré de perfection, comme nous le montre le volumineux traité du philologue Sîbaweïhî (1).

En lexicographie, les Arabes se contentèrent d'abord d'expliquer les mots rares du *Qor'ân*, des traditions et des anciennes poésies; de recueillir des listes de termes se rapportant au même objet, comme le cheval, le chameau, l'épée, le palmier, etc. Ainsi se constituèrent de petits recueils qui plus tard servirent à la confection des dictionnaires proprement dits.

Le premier dictionnaire connu paraît être celui de Khalîl, contemporain de Hâroûn ar-Rashîd. Son livre porte le titre de *Kitâb al-Aïn*. Après lui vint Djauharî, dont le *Sahâh* est toujours consulté avec fruit. Le célèbre Zamakhsharî composa sous le titre d'*Ass al-Balâghah* un dictionnaire des métaphores. Thaâlibî, au xıᵉ siècle de notre ère, compila son *Fiqh*

1. Aujourd'hui publié en partie par M. H. Derenbourg.

al-loghah, ouvrage spécialement consacré aux synonymes. Et je ne parle ici que des ouvrages les plus anciens; car vous n'ignorez pas de quelle utilité sont pour nos études les grands dictionnaires plus modernes connus sous le nom de *Qâmoûs* et de *Tâdj al-Aroûs*.

Les branches accessoires de la philologie donnèrent lieu à des travaux importants. Les poésies anciennes, les proverbes, les traditions locales furent recueillis et commentés. C'est ainsi qu'Abou Tamâm forma sa belle anthologie appelée *Hamâsah*, et Meïdânî son fameux recueil de proverbes intitulé *Kitâb amthâl al-Arab*. L'étude des poésies au point de vue du rythme conduisit le grammairien et lexicographe déjà cité, Khalîl, à la conception de la prosodie. C'est lui qui en écrivit le premier traité, traité qui servit de modèle à tous les métriciens postérieurs, et dont les principes ne trouvèrent de contradicteur qu'en la personne d'un certain Nâshî, auteur du x⁰ siècle, malheureusement perdu aujourd'hui.

Les belles-lettres se confinèrent dans la poésie. Ce n'est pas que les Arabes n'aient eu la conception des contes et du roman. Les aventures d'Antar, celles de Dhou 'l-Himmah et de Seïf al-Yazan, les *Mille et une nuits* et différents recueils d'historiettes et de nouvelles comme le *Faradj bada sh-Shiddah* et la compilation d'Al-Biqâï nous montrent bien que les Arabes n'étaient point dépourvus d'imagination, si tant est que ces contes et romans ne soient pas simplement traduits ou imités du persan. Mais il faut reconnaître que ces rares productions, non plus que les *Maqâmât* de Hamadhânî, de Harîrî et de Nâsîf al-Yâzidjî, recueils d'anecdotes racontées en style pompeux, ne sauraient constituer un ensemble littéraire bien imposant. Le drame, l'épopée, la comédie, le roman de caractère font absolument défaut aux Arabes. La poésie, au contraire, apanage des anciens nomades, est restée vivace et prospère pendant toute la durée du khalifat d'Orient, et c'est par centaines que l'on compte

les poètes éminents dans tous les genres, poésie descriptive, poésie érotique, poésie guerrière, poésie philosophique, odes, satires, concetti, etc. La grande anthologie connue sous le nom de *Kitâb al-Aghânî* renferme un choix des plus beaux morceaux accompagnés de notices fort instructives sur leurs auteurs. Mais, en outre, beaucoup de *Dîwâns* ou œuvres complètes de ces poètes sont parvenus jusqu'à nous. Ils portent les noms fameux de Nâbighah, d'Antarah, de Tarafah, de Zoheïr, d'Alqamah, d'Imrolqéïs, de Shanfarah, de Labîd, pour la période antéislamique ; ceux de Djarîr, d'Akhtal et de Farazdaq, pour la période des Omeyyades ; enfin ceux d'Abou Nowâs, d'Abou 'l-Atahiya, de Moslim, d'Abou'l-Alâ et de Motenabbî pour la période des Abbâsides. Et nous ne citons ici que les noms les plus illustres.

Avec l'arrivée au pouvoir des Abbâsides, la culture musulmane entra dans une voie nouvelle. Le second khalife de cette dynastie, Mansoûr, entouré de Syriens chrétiens fort instruits et qui possé-

daient également bien les langues grecque, syriaque et arabe, profita de ces talents pour faire passer en arabe un certain nombre de productions étrangères. C'est grâce à lui que les écrits d'Aristote, de Ptolémée et d'Euclide répandirent chez des Musulmans le goût des sciences. Le khalife Mamoûn fut un de ceux qui encouragèrent le plus les traductions du grec. Les œuvres de l'école néo-platonicienne, celles d'Hippocrate, de Dioscorides et de Galien étaient familières aux docteurs musulmans. Par les Persans, plusieurs écrits indiens leur devinrent accessibles, comme les fables de Bidpaï et des traités d'astronomie et d'algèbre. La philosophie dans toutes ses branches était à l'ordre du jour, et pour rappeler avec quel succès les Musulmans la cultivèrent, il suffira d'évoquer les grands noms d'Al-Kindî, d'Al-Fârâbi, d'Avicenne (Ibn Sînâ), d'Avempace (Ibn Bâdjâ) et d'Averroès (Ibn Roshd).

En histoire et en géographie, les Musulmans nous ont légué de vrais trésors.

Le goût de l'histoire se développa chez eux par le besoin de rassembler et de compléter les traditions relatives au Prophète ou consignés dans le *Qor'án*, et par la nécessité de conserver leurs généalogies. La géographie naquit de leurs conquêtes.

Une des plus anciennes productions historiques est la biographie de Mahomet composée par Mohammed ben Içhâq, sous le khalifat de Mansour. Al-Wâqidî, vers la même époque, rédigea une histoire des premières conquêtes musulmanes. Plus tard, Belâdhorî écrivit sur le même sujet son *Kitâb Fotoûh al-Boldân*. L'histoire générale entra bientôt dans le cercle des études, et au IXe siècle de notre ère, Ibn Qotéïbah rédigea son *Kitâb al-Maârif*, résumé d'histoire universelle. Au Xe siècle fleurirent trois grands historiens, Yaqoûbî, Tabarî et Maçoûdî, dont nous possédons aujourd'hui les textes imprimés et en partie traduits (1). Après eux l'on

1. Par MM. Houtsma, De Goeje et ses collaborateurs, Barbier de Meynard et Pavet de Courteille.

peut citer une foule de chroniqueurs dont
les plus connus sont Belâdhorî, Hamzah
d'Ispahan, Ibn Tiqtaqa, Nowëïrî, Maqrîzî,
Ibn al-Athîr, Aboulféda, Soyoûtî et le
grand Ibn Khaldoun, auteur des *Prolégomènes*, véritable miroir de la civilisation
des Musulmans, sans parler de tant
d'autres qui ont rédigé des chroniques
locales, comme celles de la Mecque et de
Médine, de Damas, d'Alep et de Bagdad.
Les biographes Nawawî, Ibn Hadjar et
Ibn Khallikân sont non moins célèbres.
L'Histoire des médecins d'Ibn Abî Osëï-
biah mérite d'être citée au premier rang,
à côté des travaux d'Al-Qiftî, de Mâwerdî,
de Shahrestânî et d'Ibn Hazm sur l'histoire des philosophes, des institutions
politiques, et enfin des religions et des
sectes orthodoxes et hétérodoxes.

En géographie, l'activité des Musulmans ne fut pas moindre. Au IXe siècle,
Yaqoûbî composa son livre des contrées,
dans lequel il décrit les villes principales
de l'empire musulman. Ibn Khordâdbeh
rédigea plus tard son livre des routes et

des provinces (1) où il s'attache à indiquer les itinéraires et à faire connaître le produit des impôts de chaque province. Qodâma, son contemporain, publia ensuite son traité de l'art du commis de chancellerie, dans lequel, à la suite d'une notice sur les bureaux de l'administration, vient une description des provinces avec l'indication des relais, des distances et des produits de chaque pays. Plusieurs ouvrages de l'historien Maçoûdî offrent aussi de précieux renseignements sur la géographie. L'on doit à Yâqoût un grand dictionnaire de géographie ayant pour titre *Modjam al-Boldân*. Enfin, Zamakhsharî, Istakhrî, Ibn Hauqal, Moqaddasî, Al-Bêroûnî, Al-Bekrî, Edrîsî, Aboulféda nous ont laissé de nombreux traités de géographie, des relations de voyages et des dictionnaires des noms de lieu. Il faut citer encore, dans la littérature des voyages, les relations si atta-

1. Traduit en français dans le *Journal asiatique* par M. Barbier de Meynard.

chantes du marchand Soléïmân, de Nâsiri Khosrou (1), d'Ibn Djobéïr, d'Ibn Batoûtah, ainsi que ce curieux ouvrage intitulé *Merveilles de l'Inde* (2) qui a permis d'identifier enfin les pays légendaires de Qanbalou, de Zâbedj et de Wâq-Wâq.

Les sciences qui se rapportaient à la géographie, comme l'astronomie et la cosmographie, étaient passionnément étudiées chez les Musulmans. Sous le khalife Mamoûn, deux observatoires furent fondés à Bagdad et à Damas. Le bibliothécaire de ce prince, Al-Khârizmî, composa son *Rasm al-Ard* ou Configuration de la terre, ouvrage dans lequel chaque nom de lieu était accompagné de sa longitude et de sa latitude. Des tables astronomiques furent dressées par Yahya, par Habash, par Abou Mashar (Abumazar) et par Al-Battânî (Albategni). Ce dernier est aussi l'auteur

1. Voir la traduction qu'en a donnée M. Schefer, tome Ier de la seconde série des *Publications de l'école des langues orientales*. Paris, E. Leroux.

2. Publié et traduit par MM. Devic et Van der Lith.

d'importants travaux sur l'obliquité de l'écliptique et sur la précession des équinoxes. Enfin nous possédons des cosmographies générales, embrassant plusieurs sciences physiques, et qui portent les noms de Dimashqî et de Qazwînî.

Les mathématiques furent poussées très loin chez les Arabes. Non seulement ils reçurent des Grecs et des Hindous l'arithmétique, la géométrie, la trigonométrie et l'algèbre, mais encore ils développèrent et approfondirent ces sciences. Les travaux d'Al-Khârizmî ont servi de guide aux premiers savants d'Europe qui se sont occupés d'algèbre au XVIe siècle.

Les sciences physiques et chimiques, par contre, restèrent dans les limbes. En physique on ne peut guère signaler que quelques travaux sur l'optique. Un traité de la lumière a été publié il y a quelque temps dans le *Journal de la Société orientale* de Leipzig. Pour ce qui est de l'acoustique elle est entièrement négligée dans le volumineux traité d'Al-Fârâbî sur

4

la théorie musicale, ouvrage entièrement puisé, d'ailleurs, à des sources grecques. Quant à la chimie, en tant que science exacte, elle était inconnue des Musulmans; toutefois, ils cultivèrent avidement l'alchimie ou *Kimiâ* (1) et la magie ou *Simiâ*, et ces deux sciences occultes furent le point de départ de la chimie. La médecine arabe, calquée sur celle des Grecs, fit sans doute quelques progrès, surtout dans l'art d'employer les simples. Un bon juge en ces matières, le docteur Leclerc, a signalé dans son *Histoire des médecins arabes* et dans sa traduction de la *Pharmacopée* d'Ibn el-Béïthar les points de vue nouveaux dont la thérapeutique est redevable aux Musulmans. Mais comme la religion s'opposait à la dissection, jamais les Musulmans ne

1. Dans une belle étude, M. Berthelot montre que les premiers essais d'alchimie remontent aux Égyptiens et aux Grecs. Sur l'*Alchimie chez les Musulmans*, lire le chapitre que lui consacre Ibn Khaldoun dans ses *Prolégomènes*, trad. De Slane, t. III, p. 207 et suiv.

purent s'élever au-dessus de l'empirisme. Et pourtant, l'esprit d'observation se serait facilement développé chez eux. Je n'en veux pour témoin que ce passage où le médecin Abd el-Latif, ayant eu l'occasion d'étudier de près des cadavres abandonnés sur la voie publique en temps de peste, nous apprend qu'il recueillit sur la figure des os, leurs jointures, leurs emboîtures, leurs proportions respectives et leurs positions, des lumières que les livres ne lui avaient, dit-il, jamais procurées. Puis il ajoute cette remarquable déclaration, digne de Pascal : « Les preuves qui tombent sous les sens sont bien supérieures à celles qui ne sont fondées que sur l'autorité. En effet, quoique Galien ait apporté la plus scrupuleuse exactitude et le soin le plus attentif à tout ce qu'il a fait et à tout ce qu'il a rapporté, cependant le témoignage des sens mérite d'être cru préférablement au sien (1). »

La zoologie, la botanique et la minéra-

1. Voir la traduction de S. de Sacy, p. 418-419.

logie ne firent pas non plus de grands
progrès; tout au moins entrèrent-elles
dans les préoccupations des savants musulmans. Le traité de Damîrî, intitulé
Hayat al-Hëïwân ou Vie des animaux est
surtout curieux par son côté légendaire,
et le traité de minéralogie de Téïfashî
nous intéresse par les détails qu'il four-
nit sur la provenance et la taille des
pierres précieuses.

N'oublions pas de dire, en terminant
cet aperçu, que les Musulmans possédaient encore une foule d'ouvrages tech-
niques sur l'art militaire, la balistique, le
feu grégeois, la fauconnerie et la vénerie,
ainsi que sur certaines industries comme
celles du verre, de la porcelaine et des
métaux. Ils ont aussi écrit sur la magie,
l'interprétation des songes et sur l'art du
prestidigitateur. Tous ces travaux ont
encore été peu exploités; ils nous réser-
vent sans doute plus d'une révélation
inattendue sur l'histoire des arts indus-
triels et sur l'histoire inépuisable des superstitions.

* *

Avec un empire aussi vaste que l'était l'empire musulman, l'on conçoit facilement quelle extension avaient dû prendre le commerce et l'industrie. Le commerce avait d'ailleurs été de tout temps en honneur chez les Arabes. Bien avant l'Islamisme, les Qoréïshites envoyaient chaque année en Syrie des caravanes chargées de tous les produits du Yémen. D'autre part, le commerce maritime était déjà florissant dans la Chaldée au v° siècle de notre ère. La ville de Hîrah était fréquentée par des vaisseaux de l'Inde et de la Chine. Obollah était l'entrepôt des marchandises de l'Inde. C'est là qu'on apportait le bois de teck servant à la construction des navires et des édifices. Les Arabes, lorsqu'ils conquirent la Chaldée, trouvèrent donc le commerce maritime en pleine activité et s'en emparèrent. Sous les Abbâsides, Bassorah supplanta Obollah et Hîrah et

4.

devint un port des plus considérables. L'histoire de *Sindebad le marin*, le livre des *Merveilles de l'Inde* nous montrent combien étaient goûtés les voyages lointains et avec quel courage les matelots persans et arabes affrontaient les dangers de l'Océan. Des colonies étaient installées tout le long des côtes de la Perse et de l'Inde, et les voyageurs musulmans se trouvaient en pays de connaissance même au delà de l'archipel indien. D'un autre côté, des caravanes sillonnaient en tous sens les côtes de l'Afrique, l'Asie-Mineure, l'Arménie, la Perse, le Khorâsân et le Turkestân jusqu'aux frontières de la Chine. Ainsi affluaient dans l'empire musulman les soieries de Chine, les épices, le camphre, l'acier, les bois précieux de l'Inde, l'ivoire et les esclaves nègres de l'Afrique. En échange, les Musulmans exportaient des verreries, des dattes, des étoffes de coton, du sucre raffiné, des instruments. La fabrication du verre était une industrie ancienne chez les Syriens. Bagdad produisait le cristal et l'émail. Les dattes

étaient principalement cultivées dans les environs de Bassorah et dans la Perse méridionale. Quant à la fabrication des armes offensives et défensives, on la trouvait répandue en Chaldée, dans la Bahreïn, l'Omân et le Yémen. Mais les Syriens passaient pour forger les meilleures lames de sabre. C'est de Syrie que vinrent jusqu'en Europe les miroirs d'acier poli. Le tissage des étoffes constituait une branche importante de l'industrie. Les étoffes rayées du Yémen, les tissus dits de Baghdad, mais qui étaient originaires de la Perse, jouissaient d'une grande célébrité. Damas se distinguait par les tissus de soie qui ont gardé son nom. Les soieries du Yémen, de l'Égypte et de Koûfah avaient aussi une grande réputation. Tunis fournissait la gaze et la mousseline brochée d'or, l'Égypte, le brocart; l'Arménie envoyait le satin. Quant à l'industrie des tapis, elle était déjà sous les khalifes ce qu'elle est encore de nos jours. La bijouterie et la joaillerie trouvaient de nombreux débouchés. C'é-

taient principalement des Juifs qui s'y adonnaient en Orient. L'industrie du papier avait une très grande extension. Primitivement les Arabes employaient le parchemin. La conquête de l'Égypte y substitua le papyrus, qui fut lui-même détrôné par le papier lorsque les Musulmans furent entrés en relations avec la Chine. Des fabriques se montèrent dans plusieurs provinces et à Bagdad. Avec l'apparition de ce précieux article, la reliure devint bientôt elle-même une industrie florissante, comme l'étaient aussi d'ailleurs la sellerie et la cordonnerie. Le commerce de détail se chargeait de répandre tous ces produits ainsi que ceux de l'agriculture. Dans toutes les villes de l'empire il se tenait des bazars où les fruitiers-épiciers (*baqqâls*), les bouchers (*djazzârs*), les boulangers (*khabbâz*), les armuriers (*seïqals*), les libraires (*warrâqs*) et les droguistes-parfumeurs (*attârs*) débitaient leurs marchandises.

Vous seriez étonnés, Messieurs, si j'omettais de mentionner les splendides

manifestations de l'art décoratif des Musulmans. L'horreur que professait Mahomet pour les idoles et sa fureur iconoclaste devaient bannir à tout jamais de l'Islamisme les arts figurés. Si les préjugés qui régnaient contre la peinture s'affaiblirent quelque peu chez les Persans, en revanche la statuaire, frappée d'un ostracisme rigoureux, ne put jamais triompher de l'intolérance religieuse. Le goût du beau se réfugia dans l'ornementation, et l'arabesque, cette création d'une originalité saisissante, vint enlacer les murs des palais merveilleux et des mosquées, fouiller les parois des vases et serpenter le long des armes et des instruments.

*
**

A parcourir cet aperçu de ce que nous savons déjà de l'histoire de la civilisation musulmane, il semblerait, Messieurs, que nos prédécesseurs aient complètement défriché le champ de nos études et qu'il ne nous reste plus qu'à cueillir les fruits

de leur labeur. Mais il en est tout autrement. Bien des générations de travailleurs
se succèderont avant que les études arabes
soient parvenues à leur plus haut degré
de maturité. Les résultats que je viens
de vous présenter ne donnent qu'une
idée incomplète, et sur quelques points
inexacte peut-être, de ce que fut l'activité
scientifique, littéraire, artistique, indus-
trielle et commerciale chez les Musulmans.
Il reste à explorer plus d'une moitié de
la littérature, et l'examen des documents
nouveaux que recèlent nos bibliothèques
modifiera souvent encore tous les tableaux
d'ensemble que l'on pourra tracer de
l'Orient musulman, et dont le plus récent
est dû à la plume exercée d'Alfred Von
Kremer(1). Vous n'ignorez pas, Messieurs,
combien l'écriture arabe est imparfaite:
elle omet les voyelles, et les consonnes
elles-mêmes se dénaturent facilement sous
le *qalam* des scribes ignorants. D'autre
part, les auteurs arabes se sont générale-

1. *Culturgeschichte des Orients*. Wien, 1875-1877.

ment copiés les uns les autres, souvent
avec peu d'exactitude ; et comme les écrits
les plus modernes tendaient à supplanter
les plus anciens, nombre d'ouvrages ne
nous sont parvenus que mutilés par des
compilateurs sans critique. La tâche qui
vous incombe aujourd'hui, Messieurs,
est donc avant tout la restitution des
sources, tâche difficile, car elle suppose
l'étude patiente d'une masse énorme de
documents imprimés et manuscrits. L'en-
tente parfaite des textes ne peut marcher
que parallèlement avec le perfectionne-
ment des dictionnaires. L'école hollan-
daise l'a si bien compris qu'elle ne publie
jamais un texte nouveau sans y joindre
le glossaire des mots imparfaitement
expliqués, ou omis, dans nos lexiques.
C'est là une coutume que tous les arabi-
sans devraient imiter, et le vœu exprimé
naguère au Congrès des Orientalistes, à
Leide, ne serait pas trop loin de se réaliser :
nous pourrions espérer dans un avenir
assez prochain l'accomplissement d'un
dictionnaire rédigé d'après les sources et

qui soit aux arabisants ce qu'est pour les indianistes le dictionnaire de Saint-Pétersbourg. Il faudrait, dans cette voie, tenir compte de l'appoint considérable que fournirait le dépouillement systématique des dialectes vulgaires. Ce travail a été commencé fructueusement par de jeunes savants, et les résultats déjà obtenus sont bien de nature à vous piquer d'émulation.

Et maintenant, admettons que ce programme vienne à être épuisé; admettons que les écrits des historiens, des géographes, des voyageurs, des grammairiens, des lexicographes, des philosophes, des poètes, des théologiens, des jurisconsultes soient tous entre nos mains, sous leur forme définitive; admettons qu'au trésor de la langue arabe on ne puisse ajouter un seul joyau, c'est alors que commencera l'ère des grands travaux d'ensemble, où bien des systèmes opposés trouveront place, où bien des théories se succéderont. Et je ne parle ici que de la civilisation musulmane étudiée en soi, dans son complet épanouissement. Mais

combien de problèmes relatifs à ses origines et à son influence ne restera-t-il pas
à élucider ! L'arabe n'est qu'un rameau
de la souche sémitique dont M. Renan a
si brillamment tracé l'histoire. La grammaire comparée des langues de Sem est
encore à faire, et c'est l'arabe qui nous en
conserve la forme la moins altérée; c'est
à lui que déjà l'on a recours pour mieux
comprendre le vocalisme de l'hébreu et
des idiomes congénères, et son rôle, dans
ces belles recherches, ne pourra que
grandir de jour en jour. L'histoire de
l'écriture arabe est encore bien obscure.
Les origines de la grammaire ne sont que
soupçonnées. Les sectes musulmanes reflè-
tent des idées antérieures qu'il importe
de reconnaître et de dégager. L'influence
exercée par la philosophie et par les
sciences des Arabes sur la renaissance de
notre moyen âge mérite d'être observée
plus en détail comme l'a très bien montré
Dieterici. L'histoire des Croisades ne sera
définitivement connue que lorsque tous
les chroniqueurs arabes auront été livrés

à la publicité. N'oublions pas, Messieurs, cette question si nuageuse de la musique ancienne pour laquelle la musique arabe nous donnera quelque jour de nombreux éléments de solution. La théorie scientifique de la prosodie est entrée dans une voie nouvelle. Il faut que les essais de vos devanciers soient repris par vous et développés.

Je ne me flatterai point, Messieurs, de n'avoir omis aucun trait essentiel dans cette courte esquisse du présent et de l'avenir des études arabes. Mais je voudrais emporter la persuasion que j'ai réussi à vous en faire sentir toute l'importance et l'intérêt, et à provoquer chez vous le désir de surpasser vos maîtres. La science ne diffère souvent de l'ignorance que parce qu'elle est prête à reconnaître ses erreurs. La découverte de l'erreur est la moitié de la vérité.

Travaillons donc, avec l'espoir que, si nous nous montrons sincères, aucun de nos efforts ne restera improductif.

ANGERS, IMP. BURDIN ET Cie, RUE GARNIER.

RNEST LEROUX, ÉDITEUR

RUE BONAPARTE, 28

EXTRAIT DU CATALOGUE GÉNÉRAL

ibliothèque Orientale Elzévirienne

*ollection de volumes in-18 raisin, imprimés en caractères elzéviriens,
à 2 fr. 50 le volume et 5 fr. le volume double.*

. — LES RELIGIEUSES BOUDDHISTES, depuis Sakya-Mouni jusqu'à nos jours, par Mary Summer. Avec introduction par Ph.-Ed. Foucaux. In-18, sur papier de Hollande........ 2 50 fr.

. — HISTOIRE DU BOUDDHA SAKYA-MOUNI, depuis sa naissance jusqu'à sa mort, par Mary Summer. Avec préface et index par Ph.-Ed. Foucaux. In-18, sur papier de Hollande. 5 fr.

II. — LES STANCES ÉROTIQUES, morales et religieuses de Bhartrihari, traduites du sanscrit par P. Regnaud. In-18. 2 fr. 50

V. — LA PALESTINE INCONNUE, par Clermont-Ganneau. In-18.................................... 2 fr. 50

. — LES PLAISANTERIES DE NASR-EDDIN-HODJA. Traduit du turc par Decourdemanche. In-18........... 2 fr. 50

I-IX. LE CHARIOT DE TERRE CUITE (Mricchakatika), drame sanscrit du roi Çudraka. Traduit en français, avec notes, variantes, etc., par P. Regnaud. 4 volumes in-18...... 10 fr.

X. — ITER PERSICUM ou description du voyage en Perse entrepris en 1603 par Etienne Kakasch de Zalonkemeny, ambassadeur de l'empereur Rodolphe II à la cour du grand duc de Moscovie et près de Chah Abbas, roi de Perse. Relation rédigée en allemand par George Tectander von der Jabel. Traduction publiée et annotée par Ch. Schefer, de l'Institut. In-18, avec portrait et carte.................................... 5 fr.

5.

XL. — MALATI ET MADHAVA, drame sanscrit. (Sous presse)
In-18 .... 2 fr. 5
XLI. — LES FRAUDES ARCHÉOLOGIQUES EN PALESTINE
par Clermont-Ganneau. In-18, illustré. (Sous presse.).. 5 fr
XLII. — LES PEUPLES ORIENTAUX CONNUS DES ANCIEN
CHINOIS, par L. de Rosny. In-18. (Sous presse.)..... 5 fr.
XLIII. — KIN KOU KI KOUAN, choix de Nouvelles chinoises,
traduites pour la première fois en français. (Sous presse.) 2 fr. 50.
XLIV. — LES LANGUES PERDUES (PERSE, ASSYRIE,
CHALDÉE), etc., par J. Ménant. In-18............. 5 fr.

Collection ERNEST LEROUX

LE BOUSTAN
(OU VERGER)
POÈME PERSAN DE SAADI

*Traduit pour la première fois en français, avec une introduction
et des notes*

PAR A.-C. BARBIER DE MEYNARD, DE L'INSTITUT

Un beau vol. in-18 de luxe, papier teinté, encadrements rouges à
chaque page.................................... 10 fr.

COLLECTION BIBLIOGRAPHIQUE

SCANDERBEG (GEORGES CASTRIOTA). Essai de bibliographie
raisonnée. — Ouvrages sur Scanderbeg, écrits en langues française,
anglaise, allemande, latine, italienne, espagnole, portugaise, sué-
doise et grecque, et publiés depuis l'invention de l'imprimerie jusqu'à ce jour.

Par GEORGES PÉTROVICH

*Un joli volume, petit in-8, de luxe, de 150 pages, impression en rouge
et noir, chaque page encadrée d'un filet rouge.*

120 exemplaires sur papier vergé de Hollande............. 15 fr.
15 — sur papier Whatman................. 25 fr.
15 — sur papier de Chine.................. 25 fr.

BIBLIOTHÈQUE SLAVE
ELZÉVIRIENNE

— RELIGION ET MŒURS DES RUSSES, anecdotes inédites recueillies par le comte Joseph de Maistre et le P. Grivel, copiées sur les manuscrits autographes, mises en ordre et annotées par le P. Gagarin. 1879, in-18, elzévir............ 2 fr. 50

. — LA MORT D'IVAN LE TERRIBLE, drame du comte Tolstoy. Traduit du russe par Courrière, mis en vers par Demény et Izambard. 1880, in-18, elzévir.... .... 2 fr. 50

II. — LA SORBONNE ET LA RUSSIE (1717-1747), par le P. Pierling. 1882, in-18, elzévir..................... 2 fr. 50

V. — ANT. POSSEVINI MISSIO MOSCOVITICA, ex annuis litteris societatis Jesu excerpta et adnotationibus illustrata, curante P. Pierling. Accedit Cardinalis Comensis memorandum de missionibus exteris. 1882, in-18................... 2 fr. 50

. — ROME ET MOSCOU (1547-1579), par le P. Pierling. 1883, in-18, elzévir.... .... 2 fr. 50

I. — UN NONCE DU PAPE EN MOSCOVIE. Préliminaires de la trêve de 1582. 1884, in-18, elzévir........... 2 fr. 50

LE
VRAI DICTIONNAIRE DE POCHE
ANGLAIS-FRANÇAIS & FRANÇAIS-ANGLAIS
PAR JOHN BELLOWS
REVU PAR LE PROFESSEUR BELJAME

Le plus petit, le plus complet, le mieux imprimé des Dictionnaires anglo-français.

In-18, reliure maroquin à fermoir. Prix.............., 13 fr. 25

COLLECTION DE CONTE
ET DE CHANSONS POPULAIRES

Les études de littérature populaire, fort négligées en France depu‧ longtemps, y jouissent actuellement d'une telle faveur que de nom‧ breux savants s'y consacrent exclusivement. En créant notre *Colle‧ tion de Contes et de Chansons populaires*, nous avons voulu venir e aide à ces travailleurs et leur offrir les moyens de publier dans d bonnes conditions les résultats de leurs recherches. Notre recue‧ n'embrasse pas le *folk-lore* dans toute son étendue; il se borne au‧ Contes et aux Chansons populaires. Pour les documents de cett littérature qui ne peuvent trouver place dans notre collection, nou offrons aux savants notre *Revue de l'Histoire des Religions*, où le traditions et superstitions populaires sont recueillies et étudiées ave soin.

VOLUMES PUBLIÉS

I. — RECUEIL DE CONTES POPULAIRES GRECS, traduits sur les textes originaux par Émile Legrand. 1881, in-18.   5 fr.
II. — ROMANCEIRO. Choix de vieux chants portugais, traduits et annotés par le comte de Puymaigre. 1881, in-18.....   5 fr.
III. — CONTES ALBANAIS, recueillis et traduits par Auguste Dozon. 1882, in-18 ....   5 fr.
IV. — CONTES POPULAIRES DE LA KABYLIE du Djurdjura, recueillis et traduits par J. Rivière. 1882, in-18.........   5 fr.
V. — RECUEIL DE CONTES POPULAIRES SLAVES, traduits sur les textes originaux par Louis Leger. 1882, in-18....   5 fr.
VI. — CONTES INDIENS. Les trente-deux récits du trône, ou les vertus héroïques de Vikramaditya. Traduit du bengali par L. Feer. 1883, élégant volume in-18..........   5 fr.
VII. — CONTES ARABES. Histoire des Dix Vizirs, traduite et annotée par René Basset. 1883, in-18.........   5 fr.
VIII. — CONTES POPULAIRES FRANÇAIS. (Sous presse.) 5 fr.
IX. — CONTES TAMOULS. (Sous presse).........   5 fr.

Œuvres de M. A. de Longpérier, membre de l'Institut, réunies et publiées par G. Schlumberger. 6 vol., in-8, illus‑ trés ....   120 fr.
Œuvres de M. A. Letronne, membre de l'Institut, réunies et publiées par E. Fagnan. 6 vol. in-8........   75 fr.

BIBLIOTHÈQUE GRECQUE
ELZÉVIRIENNE
Collection de volumes in-18 raisin

IMPRIMÉS AVEC SOIN, EN CARACTÈRES ELZÉVIRIENS AVEC CULS-DE-LAMPE, LETTRES ORNÉES, ETC.

— POÈMES PATRIOTIQUES D'ARISTOTE VALAORITIS, traduits du grec par A. BLANCARD et QUEUX DE SAINT-HILAIRE. 1883, in-18, elzévir...... .... 5 fr.

II. — LA GRÈCE ÉTUDIÉE SOUS SON ASPECT RELIGIEUX, par Mme Terzetti. In-18 elzévir. (Sous presse.)

PUBLICATIONS ILLUSTRÉES

LA PALESTINE, par le baron L. de Vaux. Ouvrage illustré de 140 dessins originaux par MM. P. Chardin et C. Mauss. In-8 pittoresque .... 20 fr.

LES ARTS MÉCONNUS, par Em. Soldi. Gr. in-8, ill. de 460 gravures...... .... 20 fr.

L'ART DES CUIVRES ANCIENS au Cachemire et au petit Thibet, par Ch. Eug. de Ujfalvy. In-8, illustré de 57 dessins.. 15 fr.

NUMISMATIQUE DE L'ORIENT LATIN, par G. Schlumberger. In-4, avec 19 planches sur cuivre .... 100 fr.

LE TRÉSOR DE SAN'A. Numismatique hymyaritique, par G. Schlumberger. In-4, avec 60 gravures............. 12 fr.

SIGILLOGRAPHIE DE L'ORIENT LATIN, par G. Schlumberger. In-4, avec 1100 gravures. (Sous presse.).......... 100 fr.

RECHERCHES SUR LA NUMISMATIQUE ET LA SIGILLOGRAPHIE des Normands de Sicile et d'Italie, par A. Engel. In-4, 7 planches... .... 25 fr.

MISSION A CARTHAGE, par E. de Sainte-Marie. Gr. in-8 pittoresque, richement illustré .... 25 fr.

LE ROYAUME DU CAMBODGE, par J. Moura. 2 vol. gr. in-8 illustrés....... .... 30 fr.

LA SCULPTURE ÉGYPTIENNE, par Emile Soldi. Gr. in-8 10 fr.

RECUEIL
DE VOYAGES ET DE DOCUMENTS

POUR SERVIR

*à l'histoire de la Géographie depuis le XIIIe
jusqu'à la fin du XVIe siècle.*

Publié sous la direction de MM. Ch. SCHEFER, de l'Institut, e
H. CORDIER.

Tiré à 250 exemplaires dont 25 sur papier de Hollande.

I. JEAN ET SÉBASTIEN CABOT. Leur origine et leurs voyages,
d'après des documents inédits, par Henry Harrisse. Gr. in-8, avec
un portulan reproduit en fac-similé.................   16 fr.
    LE MÊME, sur papier de Hollande...................   5 fr.
II. — LE VOYAGE DE LA SAINCTE CYTÉ DE HIÉRUSA-
LEM fait l'an mil quatre cens quatre-vingtz, estant le siège du
Grand-Turc à Rhodes, publié par Ch. Schefer. Gr. in-8.   16 fr.
    LE MÊME, sur papier de Hollande.................   25 fr.
III. — LES CORTE-REAL ET LEURS VOYAGES AU NOU-
VEAU-MONDE d'après des documents nouveaux, suivi du texte
inédit de la troisième expédition de Gaspar Corte-Real, et d'une
carte portugaise de l'année 1502 reproduite ici pour la première
fois, par Henry Harrisse. Gr. in-8, avec une photogravure et une
grande carte chromolithographiée en un étui.........   40 fr.
    LE MÊME, sur papier de Hollande...............   50 fr.
III *bis*. — GASPAR CORTE-REAL, la date exacte de sa dernière
expédition au Nouveau-Monde, d'après deux documents inédits
récemment tirés des archives de la Tore do Tombo à Lisbonne,
par Henry Harrisse. In-8, avec deux planches.........   4 fr.
    LE MÊME, sur papier de Hollande.................   6 fr.
IV. — LES NAVIGATIONS DE JEAN PARMENTIER. Le premier et le second volume des navigations de Jean Parmentier.
Publié par M. Ch. Schefer. Grand in-8, avec une carte fac-
similé.... ....   16 fr.
    LE MÊME, sur papier de Hollande................   25 fr.
Voyage à Sumatra, en 1529. — Description de l'île de Sainct Do-
minigo.

. — LE VOYAGE ET ITINÉRAIRE DE OULTREMER faict
par Jehan Thenaud, maistre ès ars, docteur en théologie et gar-
dien des Frères Mineurs d'Angoulesme (1512), publié par M. Ch.
Schefer. Grand in-8.................................. 25 fr.
    LE MÊME, sur papier de Hollande................ 40 fr.
I. VII. — CHRISTOPHE COLOMB, son origine, sa vie, ses
voyages, sa famille, d'après des documents inédits tirés des archives de Gênes, de Savone, de Séville et de Madrid, par Henry
Harrisse. 2 forts volumes gr. in-8, avec cinq tableaux généalogiques
et un *Corpus*. (Le tome II sous presse.)............. 60 fr.
    LES MÊMES, sur papier de Hollande. .... 100 fr.

ANGERS, IMP. BURDIN ET Cⁱᵉ, 4, RUE GARNIER.

ERNEST LEROUX, ÉDITEUR, RUE BONAPARTE, 28.

PUBLICATIONS DE M. STANISLAS GUYARD
Professeur au Collège de France.

Chapitre de la préface du Farhangi Djehangiri sur la dactylonomie, publié et traduit, in-8............... 1 fr.

Abd Ar-Razzaq et son traité de la prédestination et du libre arbitre. 1873, in-8...................... 3 fr.

Théorie nouvelle de la métrique arabe, précédée de considérations générales sur le rythme naturel du langage. 1877, in-8............................... 12 fr.

Note sur la métrique arabe, supplément à la théorie nouvelle. 1878, in-8.............................. 2 fr.

Note sur une particularité de la métrique arabe moderne. 1879, in-8.................................... 1 fr.

La théorie nouvelle de la métrique arabe, de M. Stanislas Guyard, dit M. Renan, est peut-être l'ouvrage le plus original que notre école ait produit cette année. Le travail de M. Guyard a le mérite d'être tout à fait neuf.

M Barbier de Meynard a donné aux vues de M. Guyard l'appui de son autorité, et la Commission du prix Volney a décerné à l'essai de notre savant confrère le prix de cette année *(Journal Asiatique).*

Le Fetwa sur les Nosaïris, d'Ibn Tamiiyah, publié et traduit. in-8................................. 2 fr. 50

Grammaire pâlie, de J Minayeff. Esquisse d'une phonétique et d'une morphologie de la langue pâlie. Traduite du russe, in-8.............................. 7 fr. 50

PUBLICATIONS DE M. E. SENART
Membre de l'Institut.

Kaccâyana et la littérature grammaticale du Pâli. Ire partie. Grammaire pâlie de Kaccâyana, sutras et commentaires publiés avec une traduction et des notes. 1871, in-8. 15 fr.

Essai sur la légende de Buddha, son caractère et ses origines. 1875, in-8............................... 15 fr.

Note sur quelques termes buddhiques. 1877, in-8.... 1 fr. 25

Étude sur les inscriptions de Piyadasi. Tome Ier, les Quatorze Edits. 1881, 1 beau volume in-8.............. 16 fr.

« Chef-d'œuvre de discussion critique et de philologie, » a dit M. Renan.

Le Mahâvastu, texte sanscrit publié pour la première fois, avec des introductions et un commentaire. Vol. I, grand in-8.................................... 25 fr.

Le *Mahâvastu* était, de tous les textes bouddhiques népalais inédits, le plus important à connaître.

Le texte est publié par M. Senart avec le plus grand soin et avec l'indication de toutes les variantes. L'introduction contient une analyse étendue, qui tient presque lieu d'une traduction Un vaste commentaire, enfin, rend compte de toutes les difficultés grammaticales. C'est ici que l'on voit quel habile grammairien est M. Senart. Placé devant un texte où se mêlent deux idiomes ou plutôt deux âges d'un même idiome, il montre avec une rare sagacité le passage de la langue savante à la langue populaire, et aussi le retour de la langue populaire à la langue savante, par suite du pédantisme des scribes. L'ouvrage de M. Senart aura trois volumes, quand il sera complet. *(Journal Asiatique.)*

ANGERS, IMP. BURDIN ET Cie, RUE GARNIER, 4.

LA
CIVILISATION
MUSULMANE

LEÇON D'OUVERTURE FAITE AU COLLÈGE DE FRANCE
LE 19 MARS 1884

PAR

STANISLAS GUYARD

Professeur au Collège de France.

PARIS
ERNEST LEROUX, ÉDITEUR
LIBRAIRE DE LA SOCIÉTÉ ASIATIQUE
DE L'ÉCOLE DES LANGUES ORIENTALES VIVANTES, ETC.
28, RUE BONAPARTE, 28

1884